HENRI PARGUEZ

VIIe CENTENAIRE DE SAINT LOUIS

Saint Louis et Poissy

Sa Naissance, son Baptême, ses Charités
ses Miracles, son Culte à Poissy
1214-1914

SAINT-GERMAIN-EN-LAYE
IMPRIMERIE MAURICE MIRVAULT
69-71, Rue au Pain

1914

Poissy, le 15 Avril 1914.

Cher Monsieur,

J'ai lu avec un très grand plaisir le petit travail que vous avez eu l'heureuse pensée de faire sur " Saint Louis et Poissy ". Les documents que vous avez recueillis mettent en effet dans un bien intéressant relief et l'attachement pieux de saint Louis pour sa ville natale et le culte affectueux de notre paroisse pour le saint Roi.

Au moment où nous célébrons le 7e centenaire de sa naissance, rien n'était plus opportun à montrer. Je vous remercie de vous en être préoccupé. Vous aurez ainsi apporté à nos solennités votre collaboration d'excellent paroissien et de laborieux érudit. Tous ceux qui, de la France entière, s'intéressent à nos fêtes vous en seront reconnaissants.

Veuillez recevoir, cher Monsieur, l'expression de mes sentiments respectueux et de mon bien cordial dévouement.

Duroy de Bruignac,

Curé de Poissy

A M. Henri PARGUEZ.

SOMMAIRE

NAISSANCE DE SAINT LOUIS
A POISSY

Le château royal — La Grange-Saint-Louis

Saint Louis, cinquième enfant de Louis VIII et de Blanche de Castille, naquit dans la soirée du vendredi 25 avril 1214, à Poissy, qui faisait partie alors du diocèse de Chartres.

Ce fait indubitable est attesté par les chroniqueurs du XIIIe et XIVe siècle.

Guillaume de Chartres rapporte (1) que le roi avait coutume de jeûner les veilles de certaines fêtes selon les observances du diocèse de Chartres, dans quelque ville qu'il se trouvât. Et à ceux qui s'en étonnaient il disait, qu'étant né dans ce diocèse, il se considérait comme tenu d'en observer les prescriptions.

Bernard Guy écrit en 1323 (2) au sujet de saint Louis : *natus fuit in gaudium, homo in mundo apud Pissiacum in festo S. Marchi anno* 1214. Le même, dans une notice sur les établissements de l'ordre de saint Dominique, écrit (3) en 1303, que le roi naquit à Poissy et qu'il y fut baptisé.

Jean de Saint-Victor écrit sous le règne de Philippe le Bel : *...apud Poissiacum ubi idem sanctus Ludovicus natus fuerat* (4).

Philippe le Bel, dans la charte de fondation du prieuré de Poissy (1304), s'exprime ainsi en parlant de son aïeul : *Eximiae dilectionis affectum... ad Pissiaci.. villam ipsum originis suæ locum... habebat* (5).

(1) *Historiens de France*, t. XX, p. 35.
(2) *Historiens de France*, t. XXIV, *Brevis chronica...*
(3) *Historiens de France*, t. XXIV, *Notitia provinciarum...*
(4) *Historiens de France*, t. XXI, p. 635.
(5) *Gallia Christ*, t. VIII, col. 373.

Enfin le propre fils de saint Louis, Robert, comte de Clermont et duc de Bourbon, constituant une dot à sa fille Marie, religieuse à Poissy, déclare dans une charte du mois d'août 1329 que ce monastère a été fondé par Philippe le Bel pour honorer la mémoire du saint Confesseur, originaire de ce lieu : *apud Pissiacum ubi Christi Confessor oriendus* (1).

Le château royal où saint Louis vint au monde avait été la résidence préférée des derniers Capétiens. Le pieux roi Robert l'avait en particulière estime ; et son historiographe Helgaud nous l'a décrit en parlant des trois églises qui en dépendaient. La reine Constance s'y était réfugiée pour se mettre à l'abri des troupes de son fils lancées à sa poursuite. Tous ses successeurs y avaient séjourné comme le prouve la suite d'actes datés de ce château.

Il occupait l'emplacement compris aujourd'hui entre la statue de Meissonier, la maison de ce grand peintre et la caserne. Il était donc tout près du clocher de l'église. Or, le jour de la naissance de saint Louis, on célébrait la fête des Croix noires, instituée par saint Grégoire le Grand en mémoire des ravages que la peste avait faits à Rome à la fin du VIe siècle (2). Les cloches avaient commencé à sonner quand brusquement elles s'arrêtèrent, dit une légende (3), pour ne pas troubler le repos de la reine Blanche.

(1) Natalis de Wailly : *Mémoire sur la date et le lieu de naissance de Saint Louis* (1866). Dans cet ouvrage, on trouvera la solution, considérée comme définitive par les historiens, de ces deux questions et l'histoire de la polémique, soulevée par ceux qui soutenaient que Saint Louis était né à la Neuville-en-Hez.

(2) Le 25 avril, jour de Saint Marc, est consacré aux litanies majeures. Le peuple qui, au XIIIe siècle, appelait Croix toute sorte de procession, avait appelé celle-ci *Croix Noires*, à cause des ornements de deuil dont l'église faisait usage à cette occasion. On vit plus tard (d'après Joinville), dans cette coïncidence de la naissance de Saint Louis avec le jour des *Croix Noires*, un pronostic des croisades qu'il devait entreprendre et de leur malheureux succès (J.-A.-F. Faure : *Histoire de Saint Louis*, Hachette 1866).

(3) Pierre Mathieu : *Histoire de Saint Louis*, 1618, p. 14.

La reine, ayant su la cause de ce silence subit, ordonna de reprendre les sonneries accoutumées, et pour éviter aux bonnes gens de Poissy de nouveaux soucis, elle se fit transporter dans un domaine qui fut appelé depuis la *Grange-Saint-Louis*, domaine seigneurial tout près de la Ville : *à deux portées de mousquet*, dit Piganiol de la Force.

Les bâtiments de la Grange-Saint-Louis occupaient le côté gauche de la route qui va de Poissy à Achères, à quinze cents mètres environ de notre église. De l'autre côté de la route s'élevait une chapelle extrêmement ancienne, dédiée à saint Jean-Baptiste. Elle existait encore, presque complètement ruinée et méconnaissable, en 1912. Depuis, la Ville de Paris a démoli de fond en comble toutes ces constructions, trésor de notre histoire locale.

L'origine de ce domaine seigneurial est certainement fort ancienne, et selon toute probabilité, la chapelle saint Jean-Baptiste est celle dont parle Helgaud dans la vie du roi Robert, et dont il est question dans l'acte de fondation de notre église, daté de 1061.

Le plus ancien texte que nous ayons retrouvé est contemporain de saint Louis ; il donne le nom du domaine au moment de sa naissance. On l'appelait : La Grange-Gérard-Chotard (1) du nom de son propriétaire.

D'autres textes nous apprennent qu'en 1345, il existe un Etienne Lallemand, seigneur de la Grange-Saint-Louis (2) et qu'en 1363 Guillaume de Gonesse

(1) *Archives départementales de Seine-et-Oise*, G 337. Ce Chotard appartenait à une famille ancienne. Louis VII, en 1168, lui avait accordé la permission de prendre à titre héréditaire, en forêt de Laye, tous les bois que les deux ânes d'un certain Gazon ne pourraient pas emporter (Luchaire : *Actes de Louis VII*). On trouve un Geoffroy Chotard maire de Poissy en 1230.

(2) *Collection particulière*. Il s'agit d'un aveu passé à ce seigneur par un bourgeois de Poissy avec quatre sols de cens et une géline (poule) à Noël pour une maison mouvant de ce fief et faisant partie du fief Poullailler *où la croix de fer est dessus qui vient de Terre-Sainte.*

donne à bail *La Grange-Saint-Louis*. Plus tard, Jean de Gonesse la vend à l'abbé de la Sainte-Trinité de Vendôme.

En 1366 ce domaine est aux mains de Guillaume Duplessis, abbé de la Trinité de Vendôme, parent sans doute de Robert Duplessis, chevalier, compagnon et ami de Saint Louis, dont la tombe se trouvait autrefois dans notre église. La pierre tombale qui la recouvrait, utilisée pour le dallage, est maintenant devant l'autel de la Vierge. Elle est usée et perdue à tout jamais.

Guillaume Duplessis, en 1366, donne à son abbaye le domaine de la Grange-Saint-Louis pour la fondation de son anniversaire. Le domaine était chargé envers le chapelain de la chapelle Saint-Louis de deux muids de seigle. Il consistait en ladite grange, une masure, un colombier, des terres, des vignes, un moulin, avec des cens et rentes, le tout en fief (1).

Le 22 octobre 1390, un contrat de vente fut passé par l'abbé de la Trinité de Vendôme à Marie de Bourbon (2), prieure du monastère Saint-Louis de Poissy.

Depuis cette époque la Grange-Saint-Louis resta la possession de l'abbaye, jusqu'à sa vente, faite le 31 octobre 1791 par les soins du district de Saint-Germain.

On voit par ces textes que peu après la canonisation de saint Louis, le domaine portait déjà son nom. Il est vraisemblable que ces bâtiments l'ont abrité lors de sa naissance. La tradition locale l'admettait, et, l'on montrait en 1735, nous dit l'abbé d'Expilly, *une chambre qui retient toujours le nom de Chambre de la reine.*

Cette tradition trouve un appui historique dans cet autre fait que Louis VIII et Blanche de Castille

(1) *Archives départementales de Seine-et-Oise*, série G 337.

(2) Papiers Dubruet, propriétaire de la Grange-Saint-Louis en 1810 (*Archives particulières*).

fondèrent une chapellenie en faveur de la chapelle Saint-Jean-Baptiste (1).

Le premier chapelain nommé Simon Thorel, appartenait à une vieille famille de la ville. Un Jean Thorel avait été maire en 1209 et deux fois pair, en 1205 et en 1213.

La lettre de Thomas, archidiacre de Poissy, de septembre 1219, qui le nomme, énumère les conditions de la fondation ; et nous voyons que les oblations étaient réservées au chapelain du roi et de la reine, quand il officiait dans cette chapelle.

En tous cas, Saint Louis n'abandonna pas le château royal. Il y fit de nombreux séjours. Les chroniqueurs contemporains et Le Nain de Tillemont mentionnent plusieurs passages du roi à Poissy, notamment le dimanche des Rameaux de l'année 1236, auquel jour il distribua soixante livres aux pauvres, et en 1235 où il reçut les évêques députés par le concile provincial de Laon.

Nous trouvons d'autres traces de ses séjours dans les fragments de comptes publiés par les *Historiens de France*, tome XXIII. Nous y voyons les générosités dont il ne cesse de faire bénéficier les habitants de Poissy Il donne de l'argent :

Aux pauvres de Poissy le jour de la saint Laurent.

Aux nouveaux baptisés le même jour.

A la Clérembaude de Poissy pour le mariage de sa nièce.

A Alice Torelle de Poissy, pour l'achat d'une robe pour le jour où elle se mariera.

A la veuve de Christian de Poissy pour le mariage de sa fille.

A Alice de Poissy qui nourrit le jeune Comte d'Artois.

Un article de ces comptes présente un petit côté curieux : « payé quatre livres à un certain homme de Poissy pour son cheval qui fut perdu tandis qu'il

(1) *Archives départementales de Seine-et-Oise*, G 337.

servait à la jeune reine, témoin le concierge de Saint-Germain, 12 mai 1239 ». Marguerite de Provence avait alors quinze ans, quand on loua pour elle ce cheval qui semble s'être sauvé après l'avoir désarçonnée.

En 1262, Saint Louis invita le roi d'Angleterre, le très pieux Henri III, à venir faire un séjour à Poissy. Mais le roi d'Angleterre lui répondit qu'il préférerait habiter Saint-Maur-des-Fossés, pour être plus près du château de Vincennes, et pouvoir jouir plus facilement de sa conversation et de sa vue. *Ibidem commode poterimus vestro frui colloquio et aspectu* (1).

C'est un roi d'Angleterre qui détruisit cette antique demeure en 1346. Quand Edouard III séjourna à Poissy, il logea dans le nouveau château qui avait été construit dans l'enceinte de l'abbaye, tandis que le prince de Galles, connu sous le nom de Prince Noir, logeait dans l'antique château. *Princeps vero in regis franciæ pallacio veteri nobili fuerat hospitatus* (2).

Le chroniqueur qui nous révèle ce détail, ignoré jusqu'ici, ajoute qu'en partant, le Prince mit le feu à la ville et à ce château si riche en souvenirs. Le roi Edouard n'avait voulu préserver des flammes que les seuls bâtiments de l'abbaye.

En 1577, le Chapitre des chanoines de Notre-Dame de Poissy, auquel appartenaient les ruines du vieux château, autorisa les habitants de Poissy à « faire abattre et démolir et emporter de la pierre d'une masure restant des ruines du vieux château et telle quantité qu'il en sera besoin... pour aider à réparer tant l'église que pour aider à faire construire une muraille... ».

Un chanoine a fait suivre cet acte de la mention suivante : « Ce château s'étendait partout dans ces

(1) Ryner, t. 1, p. 420.

(2) Chronique anonyme anglaise publiée par J. Moisant, S. J. dans son livre *Le Prince Noir en Aquitaine*, Paris, Picard, 1894, d'après un manuscrit de Cambridge.

environs-là jusque vers le couvent des Ursulines. On l'appela le *vieux château* par ce qu'étant trop petit, il en fut bâti un nouveau, dont la place et les vestiges sont encore à présent dans l'enceinte des dames de l'abbaye, et dont la principale porte était et est encore, vis-à-vis la citerne... avec un corps de logement, derrière lequel j'ai vu, étant jeune, une très grande quantité de logements et d'appartements qu'on a tous démolis ces jours-ci, au lieu de quoi on a fait des jardins » (1).

Nous ne pouvons passer sous silence une anecdote que l'on cite quelquefois et qui se trouve rapportée dans plusieurs notices sur Poissy.

Elle a paru pour la première fois dans Dupleix (2) : On remarque, dit-il, « que le grand autel des Jacobins de Poissy a été placé à l'endroit où Saint Louis était né ; et, c'est pour cela, qu'on n'a pu le tourner à l'ouest selon l'usage ordinaire de l'Eglise ».

Cette légende n'a pas de valeur. Un vieux texte dit qu'elle émane d'un mauvais auteur et ajoute avec raison que construire sur l'emplacement d'une chambre n'aurait pas impliqué cette orientation plutôt qu'une autre.

(1) *Archives départementales de Seine-et-Oise*, série G.
(2) Dupleix : *Histoire générale de France* (1621-1628).

BAPTÊME DE SAINT LOUIS
A POISSY

Sa dévotion pour l'église de son baptême. Ses fondations pieuses.

Dans la vie de saint Louis, par Geoffroy de Beaulieu (1), on trouve au chapitre XXXIV, intitulé : *De l'honneur qu'il dit lui avoir été fait à Poissy*, l'anecdote bien connue, où le pieux monarque témoigne d'une affection toute spéciale pour le lieu de son baptême (2). Le caractère de l'auteur, qui avait été confesseur de Saint Louis et son confident pendant vingt ans, donne à cette anecdote un très vif intérêt (3). On sait que le pape Grégoire X l'avait chargé, dix-neuf mois après la mort de Saint Louis, d'écrire en détail *tout ce qu'il savait de plus particulier touchant les actions de ce saint... ayant soin de ne dire que l'exacte et pure vérité* (4).

« Il advint un jour, écrit Geoffroy de Beaulieu, que le roi Louis était à Poissy-le-Château, et il dit gaiement tout en jouant et riant, à quelques-uns de ces familiers qui étaient alors avec lui, que la plus grande grâce et le plus grand honneur qu'il eût jamais reçu en ce monde, Notre Seigneur les lui avait accordés en ce château. De quoi ceux qui l'ouïrent s'émerveillèrent fort, ne comprenant pas de quel honneur il voulait parler : ils pensaient, en effet, que le roi eût

(1) *Historiens de France*, t. XX.

(2) Cette anecdote est presque toujours attribuée à GUILLAUME DE NANGIS, qui n'a fait que copier Geoffroi de Beaulieu.

(3) Natalis de Wailly dit de Geoffroi de Beaulieu : « écrivain facile et naturel, ami sincère de la vérité, il mérite notre confiance comme il mérite celle de Saint Louis. »

(4) Voy. TOURNON : *Hommes illustres de l'ordre de Saint Dominique*, t. I, p. 298 ; et le P. CROS : *Vie intime de Saint Louis*, p. XIX.

mieux dit, s'il eût parlé de la cité de Reims, où il reçut la Sainte Onction et la couronne du royaume de France.

Le bon roi se prit alors à sourire et puis leur dit que, dans ce château de Poissy, il avait reçu la grâce du saint baptême, laquelle il estimait, sans comparaison, préférable à tous les honneurs et à toutes les dignités mondaines, comme étant le plus précieux don de Dieu et la dignité la plus haute.

Aussi, dans les lettres secrètes qu'il envoyait quelquefois à ses familiers et où il ne voulait pas que son nom de roi parût, il signait : *Loys de Poissi*, ou bien *Loys, le seignieur de Poissi*, aimant mieux être dénommé par le lieu de son baptême que par aucune cité fameuse ».

Un autre texte présente une certaine analogie avec celui que nous venons de rapporter : « Quand le roy envoiait ses letres à ses amis secréement, il métoit, *Loys de Poissy à son chier ami, salut* ; ne s'apeloit point roy de France. Si l'en reprist un sien ami et il répondi : « Biaus amis je suis aussi comme le roy de la fève, qui au soir fet feste de sa réauté ; l'endemain par matin, si n'a point de réauté. » (1).

A ces preuves évidentes de l'affection de notre saint et très illustre compatriote pour sa ville natale et pour l'église, où il avait reçu un si grand *don de Dieu*, j'en ajouterai une autre non moins touchante. Saint Louis avait voulu que son père et sa mère aient une part aux prières de cette église, qui lui était chère, et il fonda un anniversaire pour le repos de leur âme. Pendant longtemps, jusqu'en 1789, je crois, l'église de Poissy tint à honneur de célébrer cette fondation. Elle avait été modifiée depuis le décret de réduction rendue par l'évêque de Chartres, le 6 août 1706, relatif à plusieurs des anciennes fondations du chapitre qui étaient devenues onéreuses.

(1) Extrait de la chronique de Saint-Denys : *Hist. de France*, t. XX, p. 119. On sait que l'auteur anonyme a signalé quelques faits notables oubliés par les autres historiens.

On lit dans le catalogue des obits, services, messes basses, saluts et autres fondations postérieurs à ce décret, à la date du 3 novembre : *Obit pour Louis VIII, roi de France, et Blanche de Castille, père et mère de Saint Louis, Alphonse, Comte de Poitiers et de Toulouse, et Jean, tous deux frères de saint Louis, desquels les corps reposent au milieu du chœur de l'église de Poissy, sous un tombeau de cuivre, et pour les autres parents de Saint Louis.*

Cet obit est composé de deux, savoir : un fondé par Saint Louis, pour ses père et mère et pour ses autres parents et amis, par acte de l'an 1238 *transcrit dans le petit cartulaire, et d'un autre, fondé par Alphonse, son frère, par acte du* 6 *juin* 1276 (1).

Le petit cartulaire dont il est question n'existe plus, mais on trouve dans le catalogue des principaux actes de fondations de notre église à la date de 1238 cette mention : *Un acte du mois de septembre* 1238 *dans l'ancien cartulaire par lequel le roi Saint Louis donne aux chanoines de Poissy cent sols de rente, à prendre en sa chambre des Comptes, à cause de deux obits que les sieurs chanoines se chargent de dire tous les ans dans l'octave de la Toussaint pour le roi Louis son père, et pour la reine sa mère, pour ses frères dont le corps repose dans la dite église, pour lui après sa mort, pour ses ancêtres. Lesquels cent sols seront partagés en la manière ordinaire entre les chanoines, vicaires et clercs qui assisteront aux obits* (2).

Le même catalogue nous fournit sur l'obit du frère de saint Louis cette indication :

(1) *Archives de Seine-et-Oise*, G 362.

(2) *Archives départementales de Seine-et-Oise*, G 325. Un des obits mentionnés est particulièrement intéressant par sa date, par le nom du descendant de Gaston de Poissy qu'elle évoque, et par le don qu'elle mentionne. Le 12 et 13 février, vigiles et obit : *pour Anselme de Poissy, prince du sang, et la princesse son épouse, qui ont fondé un obit par l'acte de la fondation qu'ils ont faite pour cela au chapitre d'un fief dans le château, ledit acte daté de l'an* 1190 ; *et ce fief est à présent la masure qui appartient au chapitre au-dessous du gros clocher* ».

Lettres patentes de Philippe-le-Hardi, de juin 1276, il ordonne à son receveur des domaines de donner tous les ans aux chanoines de Poissy 25 l. de rente pour l'obit que son oncle Alphonse, Comte de Poitiers et de Toulouse, frère de Saint Louis et ordonné par son testament.

Dom Martène a conservé le souvenir d'une autre fondation de Saint Louis en faveur de notre église.

Au mois d'août 1250, Saint Louis fonde une chapelle dans l'église de Poissy. Tant qu'il vivra, le chapelain célébrera l'office divin selon l'usage de la dite église. Il sera tenu de célébrer chaque samedi une messe en l'honneur de la Vierge Marie (1). Après le décès du roi il devra célébrer chaque jour la messe des défunts pour le repos de son âme excepté les dimanches, les trois derniers jours de la semaine sainte, le jour de Pâques, l'Ascension, la Pentecôte, la Toussaint, Noël, la Circoncision, l'Epiphanie, les quatre fêtes de la Sainte Vierge et le jour de la dédicace de l'église de Poissy (2). Ces jours-là, le chapelain célèbrera l'office de la fête. Il dira toujours le samedi la messe en l'honneur de la Vierge Marie. Le saint fon-

(1) Cette fondation a subsisté longtemps. En 1644 on célébrait chaque semaine : le lundi, la messe des trépassés ; le jeudi la messe du Saint-Sacrement ; le samedi, la messe de la Vierge.

(2) La fête de la dédicace de notre église n'est plus célébrée depuis longtemps, probablement depuis la Révolution. On a même oublié l'époque de sa consécration et la date annuelle à laquelle on en faisait la solennité.

Quelques recherches nous ont permis d'établir l'une et l'autre de ces dates. D'après l'acte de fondation et dotation de l'église (inédit) Philippe Ier fit un don au chapitre de l'église de Poissy le jour de la dédicace de l'église *in dedicatione istius ecclesie dedit rex...* C'est donc entre les années 1060 et 1108 qu'il faut placer cet évènement si intéressant pour notre histoire liturgique locale. Quant à la date de la commémoration annuelle, d'anciens registres la mentionnent à plusieurs reprises au 8 *juin, fête de Saint Claude.* Ils nous apprennent que ce jour-là, le chevecier devait faire brûler, pendant la messe solennelle, les cierges qui se mettaient *aux piliers et partout ailleurs.* Qu'une procession se déroulait à travers les rues de la ville, à laquelle prenaient part les religieux qui desservaient l'abbaye.

dateur assure au chapelain qui desservira la chapelle, six livres parisis de rente annuelle à percevoir sur son domaine de Poissy ; la moitié sera versée le jour de la Toussaint et l'autre moitié le jour de l'Ascension par les soins du prévôt de Poissy. Voulant et ordonnant que le prévôt de cette ville acquitte toujours cette rente sans jamais y mettre obstacle.

LES FONTS BAPTISMAUX

La chapelle Saint Louis. Reliques et reliquaires.

Au moment où Saint Louis fut baptisé, les fonts baptismaux occupaient peut-être le même emplacement que les fonts actuels de la paroisse (1).

Cet emplacement est aujourd'hui contraire aux prescriptions liturgiques qui exigent que les fonts soient placés en dehors, ou près de la porte de l'église, afin que le non-baptisé ne pénètre pas dans le lieu de réunion des fidèles, avant d'avoir reçu le baptême. Certainement, au XIIIe siècle, cette règle était suivie de la façon la plus stricte. Mais à cette époque, les fonts répondaient, je crois, à ces prescriptions, car, il devait y avoir dans cette partie de l'église, une porte, celle qui fut condamnée en 1802 et que l'on appelait encore à cette époque la porte des fonts.

D'ailleurs une porte s'imposait dans cette partie

(1) Rappelons, en parlant des fonts baptismaux de Saint Louis, que le Louvre possède un merveilleux bassin arabe connu sous le nom de baptistère de Saint Louis.

Un mot de l'inscription qui le décore : est composé de trois caractères qui ont une certaine analogie avec les chiffres 897, ce qui a fait longtemps croire que l'on se trouvait en présence de la date de ce précieux monument de l'art arabe.

Une légende s'est créée, légende qui est récente, d'après laquelle ces fonts auraient servi au baptême de Saint Louis. Or, la critique moderne les date d'une façon à peu près certaine d'une époque qui n'est pas antérieure à 1330.

Ces fonts étaient conservés dans la sainte chapelle de Vincennes. Ils ont servi au baptême du Comte de Chambord et à celui du Prince Impérial, fils de Napoléon III.

Saint Louis les a-t-il rapportés de Terre Sainte ? S'en est-il servi pour baptiser les infidèles ? Telles sont les deux raisons qui pourraient justifier l'appellation actuelle. Voir sur cette question : A. de Longpérier, *Monuments arabes*, I, 460 ; G. Migeon, *Gazette des Beaux-Arts*, 1er semestre, 1900.

de l'édifice pour communiquer directement avec le château. C'est par cette porte que le cortège royal pénétra dans l'Eglise le jour du baptême de notre très saint et très illustre concitoyen (1).

Les habitants de Poissy ont entouré de tout temps les fonts baptismaux de Saint Louis d'un culte pieux, s'efforçant de conserver pour leurs descendants cette précieuse relique. Les textes les plus anciens qui nous soient parvenus (ils ne datent que du XVIIe siècle) aussi bien que les plus récents, qui datent de la veille des travaux de Viollet-le-Duc, mettent cette dévotion en évidence.

Après la canonisation du roi, une chapelle lui fut dédiée, et les fonts baptismaux, qui avaient servi à son baptême, y furent déposés.

La chapelle saint Louis occupait l'emplacement de la chapelle actuellement placée sous le vocable de Saint Erambert (2).

Cette chapelle était ornée, dès la fin du quinzième siècle, d'un grand vitrail, sur les panneaux duquel étaient reproduits plusieurs sujets tirés de la vie de Saint Louis. L'un d'eux représentait la reine Blanche couchée sur un lit au pied duquel le peintre avait placé les fonts baptismaux : au dessous on lisait, dès l'année 1500, ces quatre vers (3) :

Saint Louis fut enfant de Poissy
Et baptisé en la présente église
Les fonts en sont gardés encore ici
Et honorés comme reliques exquises

(1) Portes actuelles de l'Eglise : le porche a été construit au XVIe siècle sur l'emplacement de deux chapelles. Quant à la petite porte, voici son histoire. En 1714, on ouvrit une porte pour remplacer celle qui se trouvait au-dessus de la chapelle Saint-Pierre (aujourd'hui chapelle Saint-Louis), parce que cette porte donnait directement sur le grand autel. La nouvelle porte supprimait la chapelle Saint-Honoré. Viollet-le-Duc établit la sacristie sur l'emplacement de cette ancienne chapelle et supprima par ce fait cette porte ; mais il la rétablit sur l'emplacement de la chapelle voisine dédiée à Saint Etienne. Entre cette chapelle et le porche, il laissa subsister la chapelle Saint-Michel qui sert aujourd'hui d'annexe à la sacristie.

(2) Saint Erambert, évêque de Toulouse, est né dans le territoire de Poissy, il mourut en 671.

(3) *Mercure de France*, 1738.

En 1685, les marguilliers font d'importants travaux dans cette chapelle. Ils réparent l'autel, repeignent les murs décorés de fleurs de lys *comme elles estoient.*

Enfin, détail important à noter, ils rétablissent les fonts de Saint Louis *à neuf avec leur décoration* ; et, pour les préserver d'une destruction certaine ils décident de les placer sur une console de pierre adossée au mur, assez élevée au-dessus du sol. Gaignières qui vit cette chapelle, quelques années après l'exécution des travaux projetés en 1685, nous en a conservé le souvenir dans un de ses précieux recueils. Il a représenté, dans un grand dessin aquarellé, les fonts élevés sur une console adossée contre un mur fleurdelisé ; à ce mur, tout près et à gauche des fonts, est fixé un cadre de pierre et de marbre encadrant cette inscription :

De lustricis fontibus
S. Ludovici Pissac
quorum epotos pulvis
febribus medetur

Fons hic quem cernis nullas licet egerat undas
Ardentem miri comprimit arte sitim.
Si quem urit febris raso de pulvere sumat
Pocula, praesentem sentiet aeger opem.
O natura, stupe, rerum pervertitur ordo,
Extinguit flammas nunc, velut unda lapis
XXV Aug. M.D.C.I.
Haec voti reus ponebat M. Nicolaüs Mercier,
Articem doctor et grammaticorum regiae
Navarrae proprimarius (1).

(1) Fonts baptismaux de Saint-Louis de Poissy, dont la poussière avalée dans un verre d'eau guérit de la fièvre.

Ces fonts que tu vois, bien que ne renfermant pas d'eau, calment miraculeusement la soif ardente. A peine celui que consume la fièvre en a-t-il bu la poussière mêlée à un peu d'eau, qu'il en sent la vertu bienfaisante.

O nature, admire ; l'ordre des choses est troublé, maintenant la pierre possède la vertu de l'eau et éteint les flammes.

Le 26 août 1601.

M. Nicolas Mercier, docteur ès-arts et sous-principal des grammairiens du collège royal de Navarre, composait cette inscription pour obéir à un vœu.

Ce cadre, surmonté de la figure d'un roi en majesté, porte dans sa partie inférieure les armes suivantes : une croix chargée d'un cœur, cantonnée de quatre croisettes; qui sont celles du donateur de ce petit monument, c'est-à-dire de Nicolas Mercier, professeur au collège de Navarre.

L'inscription, qu'il a composée, célèbre le pouvoir miraculeux des fonts. Dieu, dit Piganiol de la Force (1), à l'occasion de la raclure de ces Fonts avalée dans un verre d'eau, a plusieurs fois opéré la guérison de la fièvre. C'est un de ces miracles qui a donné lieu à cette inscription et aux vers gravés sur un marbre qui est auprès.

Malgré les précautions prises, en 1685, les fonts ne continuaient pas moins à souffrir de cette pratique pieuse. On voit, dit un voyageur, « à l'extérieur des fonts un espèce de trou formé par ceux qui ont gratté pour avoir la poudre de cette pierre et s'en servir comme d'un remède contre la fièvre, ainsi que les vers le disent.

« C'est apparemment pour la conservation de ces fonts et pour éviter que la dévotion des fidèles ne vienne enfin à les anéantir, à force de creuser, qu'on les a placés hors de la portée de la main.

« J'ai aussi observé que la base ou ce qui leur sert de pied est sans aucun ornement et qu'il n'y a même pas une simple moulure » (2).

La Révolution vint; les habitants luttèrent pour conserver leur église menacée. Grâce à leurs efforts elle fut épargnée ainsi que les fonts qu'elle abritait.

Au début du XIXe siècle, leur culte pour cette relique n'avait pas diminué. Dans une séance de la municipalité d'octobre 1814 on lit que le Conseil ayant à cœur le rétablissement des fonts de la chapelle Saint-Louis, a l'intention de faire auprès du

(1) PIGANIOL DE LA FORCE : *Nouvelle description de la France*, 1753, t. I, p. 216.

(2) *Mercure de France*, 1738.

gouvernement des démarches pour la restauration d'un monument aussi cher aux membres de la fabrique et à tous les habitants de Poissy qu'intéressant pour la famille royale.

La lettre écrite à Louis XVIII pour obtenir son appui, débute ainsi : « L'Eglise de Poissy a conservé malgré les orages révolutionnaires les fonts sur lesquels Saint Louis a été baptisé, mais, les fonts et la chapelle dans laquelle ils sont déposés sont dans un état indigne d'un si précieux monument... »

Voici un bel exemple de dévotion envers Saint Louis qui montre combien elle était encore populaire au XIXe siècle. En 1803, les membres de la très ancienne confrérie des maçons, qui avaient Saint Louis pour patron, se rendirent compte que leur chapelle était dans un état de délabrement qui faisait peine à voir ; les maçons demandèrent alors à l'administration de les autoriser à faire les réparations nécessaires : « *offrant chacun deux jours de leur temps* ».

L'administration répondit que : considérant qu'il y avait dans cette chapelle un monument précieux, qui dans tous les temps avait été un objet de vénération... elle faisait droit à leur requête et même demandait aux démolisseurs de l'abbaye de leur donner les dalles et les pierres nécessaires aux travaux projetés.

Après la restauration de l'église, par Viollet-le-Duc, la chapelle Saint-Louis fut transférée là où elle est aujourd'hui (anciennement chapelle Saint-Pierre, puis sacristie) et les fonts baptismaux jetés dans un coin obscur de l'église.

C'est à Monsieur l'abbé Dubois, lors curé de Poissy, que revint l'honneur d'avoir fait cesser ce lamentable état de choses. Il fut assez heureux pour obtenir que la plaque de marbre portant l'inscription de Mercier fut rendue à l'église. Elle avait été, au moment des grands travaux de 1856, reléguée dans la cour de l'hospice avec d'autres pierres bien intéressantes qui y sont encore. On tenait beaucoup à cette *pierre de marbre noir,* témoin ce petit fait : En 1820 les habitants s'aperçurent qu'elle n'était fixée au mur que par des clous... et assez grossièrement, et décidèrent de la faire encadrer pour en assurer la conservation.

Il reste dans la chapelle Saint-Erambert un souvenir de son ancienne destination. Les deux tableaux, relatifs à la vie de saint Bruno, que l'on y voit encore, ont été donnés en 1800 par M. Brissard *pour orner la chapelle Saint-Louis.*

Les inventaires de l'Eglise du XVIIe et du XVIIIe siècle nous apprennent qu'il existait dans cette chapelle : *Un reliquaire de bois doré représentant Saint Louis au pied duquel il y a une dent du saint* (1). Cette relique disparut pendant la Révolution comme le reliquaire qui la contenait (2).

Dans ces inventaires on voit figurer un précieux objet, peut-être un don du roi à sa chère église : *Une couronne de vermeil garnie de perles et de pierres précieuses avec quatre chatons dans l'un desquels il y a une épine de la couronne de Notre-Seigneur.*

Le tout paraît avoir été fait dans le temps de saint Louis.

La royale église du prieuré des Dominicaines de Poissy, possédait la partie supérieure du crâne et la mâchoire du saint enfermées dans un reliquaire précieux tant par le travail que par sa richesse. Ce buste « un des plus grands qu'il y ait », dit Piganiol (3) fut fait au temps de Philippe de Valois... à l'intention d'en faire présent à ce monastère, mais ayant été prévenu par la mort, le roi Jean, son fils, le donna en l'honneur de Saint Louis, son aïeul,

(1) Comme autres reliques l'Eglise possédait : la baguette de Moïse, un fragment de la chasuble de Saint-Pierre, des reliques des onze mille vierges.

(2) Au début du XIXe siècle, l'Eglise reçut en dépôt un des doigts du saint roi qui fut enlevé par des voleurs ces dernières années.

(3) *Nouvelle description,* édit. de 1753, p. 269-70.

l'an 1351 ; et pour le rendre encore plus riche, il y fit ajouter un fermoir d'or garni de perles et de pierreries. Ce reliquaire était autrefois couronné d'une couronne d'or, qui était celle-là même que la reine Jeanne de Bourgogne portait le jour qu'elle fut couronnée (1).

Le trésor de l'abbaye possédait encore l'agrafe que Saint Louis portait à son manteau le jour de son mariage, et, un psautier lui ayant appartenu.

A l'heure actuelle, notre église possède une parcelle d'ossement de Saint Louis, don de S. E. le cardinal Amette, contenue dans un modeste reliquaire que surmonte une statuette polychromée du saint. Cette œuvre modeste est la seule effigie qui rappelle ses traits dans cette église, témoin de son baptême, témoin aussi de ses miracles (2).

(1) Les religieuses de l'abbaye vendirent en octobre 1789 une partie du trésor de l'église. L'ensemble des objets vendus au poids de l'or atteignit la somme de 53.900 livres, et les pierres précieuses enlevées aux reliquaires produisirent 3.300 livres. Dans la liste des pièces vendues on voit figurer *le buste de Saint Louis, retiré de son reliquaire pesant* 132 *marcs, vendu* 7.296 *livres.* Plus loin on trouve cette autre indication : *La couronne de Saint Louis,* 123 *livres.*

(2) On conserve, dans la sacristie, un grand portrait de Saint Louis représenté portant toute sa barbe. Il est à présumer, d'après les recherches de M. Longnon : *Documents parisiens sur l'iconographie de Saint Louis*, que le roi porta la barbe à la fin de sa vie. Il en aurait pris l'habitude en Egypte et en Syrie, contrées d'Orient où elle a toujours été fort en honneur.

MIRACLES DE SAINT LOUIS
A POISSY

Nombreuses attestations au moment de sa canonisation. La ville se met officiellement sous sa protection et l'honore par une fête annuelle.

La coutume ancienne de détacher quelques parcelles de la pierre des fonts baptismaux de Saint Louis pour guérir de la fièvre, a une noble origine. Elle prit sans doute naissance après les éclatantes guérisons obtenues à Poissy par son intercession.

Ces miracles, qui ont été l'objet d'une enquête rigoureuse pour la canonisation de Saint Louis, ont fait des pierres de ces fonts une précieuse relique, que les siècles passés ont enveloppée d'une atmosphère de prières.

Ces miracles sont mentionnés dans la chronique du Primat, traduite par Jean de Vignay (1). Le continuateur de Voragine s'en est inspiré dans la vie des saints nouveaux dont la première édition imprimée sortit des presses de Barthélemy Buyer en 1477.

Nous utilisons ces textes en les suivant de très près.

« En ce temps-là, la foule commençait à venir appeler l'aide et suffrage de Saint Louis près des fonts où il avait été baptisé.

« Un jour, tandis que le roi, la reine et leur suite séjournaient à Poissy, une femme de Saint-Germain, bien connue de la suite du roi qui était prise du feu,

(1) *Historiens de France*, t. XXIV, p. 71.

en plusieurs parties de son corps vint à grande foi et à grande dévotion devant les fonts et vaissel du baptême du devant dit Saint Louis. Et là, elle appelait dévotement l'aide de ce glorieux roi avec larmes épandues abondamment.

« Et quand elle eut *touché les dits fonts* cette aigreur et maladie du feu dessus-dit commença à partir, excepté toutefois les doigts de la main gauche auxquels le noir de la maladie apparut plus longuement.

« Grande multitude de peuple qui était là présent, aussi plusieurs de la cour du roi virent la dite femme commencer à mouvoir ses doigts et, en la parfin, cette maladie s'en alla de tout en tout si bien que nulle enseigne ou trace de cette maladie ne apparut oncques puis.

« Plusieurs dignes de foi, gens de la cour, prouvèrent ce miracle. Lesquels virent et regardent souventes fois la dite femme malade ; comme elle l'était autrefois, puis la virent de leurs propres yeux de tout point guérie. »

« Après ce que la renommée s'en suivit de ce dit miracle, un homme de Saint-Germain, honnête de mœurs et de condition et pourvu de biens temporels abattu et opportuné depuis longtemps par une grave maladie des pieds et des reins ne pouvait marcher qu'à l'aide de deux béquilles de bois et avec grande difficulté.

« Il vint avec grande foi et grande dévotion aux fonts susdits de Saint Louis. Son oraison et son oblation faite, il se sentit tout allégé et les béquilles laissées, commença à aller par l'église puissamment, sans aucun aide. Et ainsi par les mérites du benoît Saint Louis fut rendu et restitué à sa première santé.

« En semblable manière, un sergent d'armes de Bourges, appelé Henri, lequel avait perdu l'usage de marcher, fut à l'aide de béquilles et à grand'peine amené aux dessus dits fonts et il appelait à grande dévotion l'aide et suffrage de ce benoît Saint Louis sous lequel il avait servi.

« Et quand il eut dévotement fait son oraison, par les mérites du très glorieux roi Saint Loys il fut rétabli en ses propres forces.

« Et là, bien d'autres miracles advinrent, et advinrent souvent par les mérites et prières du roi Saint Louis ».

Un autre miracle n'eut pas lieu près des fonts baptismaux. Il est cité comme un effet de la protection du saint roi qui ne voulait pas que le monastère qui était édifié en son honneur coûtât la mort d'un homme.

Il est rappelé à peu près en ces termes :

« En édifiant le monastère, il fallut détruire plusieurs anciens édifices afin que l'on put avoir place convenable. Et comme un grand mur allait cheoir, les ouvriers s'enfuirent en criant à tous de se sauver. Or, il advint qu'un enfant qui jouait fut écrasé au milieu de la paroi cheue sur lui. De cette merveilleuse chose, tous se ébahirent et dirent : Il est mort et ne savaient de quel côté ils devaient chercher l'enfant que ils réputaient pour mort. Ils virent cependant fissure par laquelle mettant leurs bras ils tirèrent l'enfant hors, tout sain et tout vif.

« La grande multitude des gens qui y étaient présents donna sur ce, un long témoignage. »

Cette protection posthume dont le pieux monarque entourait la ville de sa naissance et de son baptême stimula la reconnaissance de nos ancêtres et enracina son culte parmi eux. Nous en avons précédemment mentionné quelques touchants témoignages. Celui-ci, à cause de son caractère officiel, est peut-être la preuve la plus éclatante de l'attachement de Poissy à son glorieux enfant. Pour attirer la bénédiction du saint roi sur leur cité, les habitants de la ville la placèrent solennellement sous sa protection, comme en témoigne la lettre suivante adressée à Louis XIV :

Sire,

« Les curés et marguillers et habitans de la ville de Poissy représentent très humblement à votre Majesté qui de tout temps leur ville a esté sous la protection particulière des Roys de France ; que vos prédécesseurs y ont fait leur demeure habituelle pendant plusieurs siècles et que les habitans ont eu le bonheur de voir naistre parmy eux et de voir baptiser Louis IX de glorieuse et sainte mémoire *auquel la ville s'est vouée particulièrement depuis sa canonisation et la choisy pour son principal patron* et apuy auprès de Dieu. Qu'ils en conservent encore les reliques et fonts baptismaux avec tout le respect et la vénération possible..... » Ils terminent en rappelant que Henri III et Henri IV leur accordent pour les mêmes motifs en 1584 quelques sols d'octroi à lever sur chaque minot de sel. »

On conçoit, qu'animée d'un tel esprit de foi, la population tout entière de notre ville ait aimé à s'associer aux fêtes religieuses qui se célébraient chaque année à la date du 25 août dans notre vieille église.

Ce jour-là, elle était trop petite, car non seulement les habitants s'y rendaient tous, mais encore les marchands forains et les passants qui étaient attirés par la foire qui se tenait du 24 au 27 août dans l'enceinte de la franchise de l'abbaye.

La foule était telle, habituellement, que *le Livre de la Postérité*, nom qui désignait dans notre paroisse le guide des devoirs des marguilliers, faisait cette recommandation :

Le jour de la saint Louis les quêtes doivent être faites par quelques filles de considération à cause de la grande affluence de peuple, lequel se rencontre en cette journée.

Plus brillantes étaient les cérémonies célébrées dans l'enceinte du magnifique monastère élevé par Philippe-le-Bel en mémoire de son aïeul dans sa ville natale ; mais l'assistance n'était certainement pas animée d'une foi plus ardente que celle qui faisait vibrer les habitants de Poissy entassés dans leur église paroissiale.

Alliant en leur piété le culte de leur ville et de ses traditions, ils voyaient dans leur saint patron, moins Saint Louis, roi de France, qu'un des leurs toujours regretté : Louis de Poissy.

APPENDICE

I

La tombe de deux frères de Saint Louis dans l'église de Poissy.

D'après Elie Berger, *Histoire de Blanche de Castille* : voici les dates de naissance des onze enfants de Louis VIII et de Blanche de Castille :

1203 une fille ;
1209 9 sept., Philippe, mort en 1218 ;
1213 deux jumeaux nés à Lorrez-le-Bocage (les deux princes nommés probablement Alphonse et Jean, dont il sera question).
1214 25 avril, Saint Louis ;
1216 septembre, Robert ;
1219 21 juillet, Jean ;
1220 11 novembre, Alphonse ;
1222 20 février, Philippe, Dagobert ;
1224 Isabelle ;
1225 Etienne ;
1226 Charles.

Nous avons vu d'après le passage de l'obituaire cité plus haut, que deux de ces enfants, Alphonse et Jean furent enterrés dans le chœur de notre église. Leur tombe était recouverte d'une plaque de cuivre gravée dont Gaignières nous a conservé le dessin.

Les deux princes sont représentés dans le même costume, dans la même attitude et comme paraissant avoir le même âge. Cependant, remarque Montfaucon : « Celui qui est à droite tient de la main gauche un gant. C'est le gant de la main droite qui soutenait l'oiseau que les grands seigneurs, les princes et les rois même se faisaient un honneur de porter. »

L'épitaphe suivante, justement qualifiée d'énigmatique, encadre l'ensemble de la composition décorative de la table de cuivre.

Bustorum comitum cujusdam nomen avitum.
Gracia dat reliquo. Blanca nati et Ludovico.
Regibus hi nati, nenon reges habeantur,
Vitæ morte Dati, celesti sede locantur.

Longtemps on a cherché à identifier ces deux princes et à déchiffrer le sens de ces quatre lignes ; ce n'est que récemment que la question a été définitivement tranchée par M. Couard (1).

L'auteur résume les controverses anciennes, cite différents textes de la série G des archives départementales de Seine-et-Oise, dont un nous apprend que ces princes ont été exhumés en 1714. On s'aperçut alors qu'ils n'étaient pas morts au même âge, comme la gravure de la tombe permettait de le croire ; l'un d'eux paraissait n'avoir vécu que quelques jours, tandis que l'autre semblait avoir atteint l'âge de sept ans.

L'auteur termine en proposant de traduire ainsi qu'il suit les quatre vers de l'épitaphe : « Le nom de l'un des deux frères qui reposent ensemble dans cette tombe est celui de son grand-père maternel, Alphonse. Jean est le nom de l'autre.

« Ils sont nés de Louis et de Blanche.Fils de rois pour ne pas manquer d'être rois, ils ont été retirés d'ici-bas par la mort, qui les a fait vivre au ciel.

« Et nous pensons, ajoute-t-il, que ces deux enfants sont Alphonse et Jean, nés à Lorrez-le-Bocage, le 26 janvier 1213 ».

(1) M. Couard, *Une épitaphe énigmatique* (*Bulletin de la Comm. des ant. et des arts de Seine-et-Oise*, 1901).

II

Le maire de Poissy et les pairs au moment de la naissance du roi (1).

Ernaldo le Malli, maire (2).

Les pairs :

Johaune Yvonis,
Johaune Torel,
Martin Le Barillier,
Petro Morano,
Vilano Duideville (3),
Stephano Flanderino,
Regio Giberge (4),
Balduino Forestario,
Rogero Lempereur (5).
Roger de Cruce,
Johanne de Atrio.

(1) *Archives départementales de Seine-et-Oise.* Fonds des dominicaines de Poissy ; (non inventorié).
(2) Il était maire en 1209.
(3) Un Stephano Duideville était pair en 1205.
(4) Déjà pair en 1209.
(5) En 1205 Roger Imperator était pair.

IMP. MIRVAULT, ST-GERMAIN-EN-LAYE

www.ingramcontent.com/pod-product-compliance
Ingram Content Group UK Ltd.
Pitfield, Milton Keynes, MK11 3LW, UK
UKHW020520180726
13839UKWH00005B/2204